AF230586

EXAMEN

DE LA SITUATION POLITIQUE

DE

LA FRANCE ET DE L'EUROPE

AU COMMENCEMENT DE L'ANNÉE 1828.

EXAMEN

DE LA SITUATION POLITIQUE

DE

LA FRANCE ET DE L'EUROPE

AU COMMENCEMENT DE L'ANNÉE 1828.

Id in summâ fortunâ æquius quod validius.
Tac., *Ann.*, lib. xv.

PARIS,

CHEZ LES MARCHANDS DE NOUVEAUTÉS.

IMPRIMERIE DE LACHEVARDIERE,
RUE DU COLOMBIER, N° 30.
1828.

EXAMEN

DE LA SITUATION POLITIQUE

DE

LA FRANCE ET DE L'EUROPE

AU COMMENCEMENT DE L'ANNÉE 1828.

Tous les empires portent dans leur propre sein les germes de leur élévation ou de leur décadence ; et c'est la situation intérieure de chaque pays qui doit imprimer à ses actes extérieurs le seul caractère raisonnable qu'ils puissent avoir. Les combinaisons les plus séduisantes s'arrêtent aujourd'hui devant un budget, qui met la vérité à la place des illusions, et fait, bon gré mal gré, succéder le sang-froid de la sagesse à la chaleur des opinions.

Les finances sont-elles dans un état prospère ? a-t-on sous les drapeaux ou dans les ports les hommes et les vaisseaux qui figurent dans les comptes ? le nombre, fût-il effectif, se trouve-t-il en proportion avec la puissance et la dignité du pays ? l'accord entre les gouvernants et les gouvernés assure-t-il cette confiance et ce crédit prêts à répondre à tous les appels de la nécessité ?

Les discussions des chambres doivent donner à

toutes ces questions une solution positive, qui deviendra la règle nécessaire de notre diplomatie.

Ainsi donc, en nous livrant à l'examen de nos rapports avec les puissances étrangères, et en cherchant au milieu des évènements qui se préparent les chances qui pourraient le mieux nous convenir, nous subordonnons sans réserve nos idées et nos vœux aux faits qui constateront l'état réel de la France '; car, en définitive, ce n'est point sur des fictions, mais sur les réalités que doivent s'appuyer les calculs des cabinets et se mesurer les efforts des peuples.

A la fin du règne de Catherine II, un écrivain anglais, *M. Williams Éton*, successivement consul de Sa Majesté Britannique en Turquie et en Russie, supposait au cabinet de Pétersbourg les projets que voici :

« L'entière conquête de la Turquie européenne,
» dont une partie devait être cédée à la maison
» d'Autriche. Le rétablissement de l'empire grec,
» et l'élévation du grand-duc Constantin au trône
» de Constantinople ; l'indépendance de l'Égypte ;
» la nomination d'un Russe comme roi de Polo-
» gne, en attendant la réunion définitive de ce pays
» à l'empire moscovite ; la conquête du Japon et
» d'une partie de la Chine ; enfin l'établissement
» dans ces mers d'une puissance navale. »

Dans un mémoire remis à Louis XVI le 10 octobre 1786 (*Politique des cabinets*), on lit le passage suivant :

« Dans les cas d'une alliance entre l'empereur, la » Russie, la Prusse et Londres ;

» Le lot de l'Empereur serait vraisemblablement » l'échange de la Bavière, la dignité de roi des Ro- » mains pour son neveu, et une partie considérable » de la Turquie d'Europe jusqu'à la Grèce.

» On pourrait accorder à la Prusse toute la partie » de la grande Pologne jusqu'à la Vistule, en y joi- » gnant peut-être une portion de ce que l'Empereur » possède de ce royaume en vertu du partage fait » en 1772. La Russie aurait la Romanie, Constanti- » nople, avec la liberté de s'étendre à son gré dans » l'Asie mineure, le long des côtes de la Bithynie, » de l'Hellespont et de la Phrygie. Enfin on céderait » à l'Angleterre l'Égypte, les îles de Candie et de » Chypre ; alors cette puissance serait à jamais assu- » rée de l'empire de l'Inde.

» Il faut demander la cession des Pays-Bas pour » la France, et faire sortir le stathouder de la Hol- » lande. »

Lors des conférences de Tilsitt, entre les empereurs Alexandre et Napoléon, il avait été question assez sérieusement d'un partage de la Turquie européenne. La Russie devait avoir la Moldavie, la Valachie, la Bulgarie, et toute la Romélie jusqu'à quelques lieues de Constantinople, qui restait aux

Musulmans, faute de pouvoir se décider à lui donner un nouveau maître. Le lot de la France eût été
la Bosnie, l'Albanie, la Grèce, le Péloponèse, la
Macédoine et la Thessalie. On abandonnait la Servie
à l'Autriche (*les cabinets et les peuples*).

La Turquie d'Europe est donc, depuis long-
temps, pour ses voisins, un objet de convoitise
avéré, et les circonstances actuelles ne font que
favoriser le développement des idées soigneusement entretenues depuis le règne de Pierre Ier par
ses successeurs.

Non seulement l'Angleterre n'a mis aucun obstacle aux projets de la Russie, mais elle a paru même
y prêter la main, tant qu'elle a cru avoir besoin
de son appui contre les efforts et les succès de la
France [2].

D'autres circonstances amèneront une politique
différente ; elles feront rentrer le cabinet britannique dans le cercle des véritables intérêts nationaux;
ces intérêts lui commandent de s'opposer à l'envahissement de la Turquie d'Europe ; rien ne sera
négligé pour arriver à ce but.

Nous allons faire connaître la conduite de la
Grande-Bretagne sous ce double aspect.

Lorsque la France et l'Espagne unies par un
pacte de famille et des intérêts communs, pouvaient soutenir contre l'Angleterre l'honneur de
leurs pavillons, et conserver l'indépendance de

l'Adriatique et de la Méditerranée ; la cour de Naples, les républiques de Venise et de Gênes, et enfin l'ordre de Malte, étaient appelés à concourir au même but, chacun selon sa position et ses moyens.

A cette époque, l'existence de l'empire ottoman était, aux yeux des agents du cabinet de Londres, « un affront pour l'humanité. La voix impérieuse » de la justice demandait la délivrance des Grecs » et la restauration de leur empire. Allié libre et » indépendant de la Russie et de la Grande-Bretagne, » il devait former le lien de leurs relations sociales... » La Grèce a été dans tous les temps une pépinière » très productive de marins... La subversion de la » Turquie produira les plus heureux effets, en » substituant une puissance active et commerçante » à celle que nous voyons croupir dans l'inaction et » la barbarie... Cette révolution intéresse spéciale- » ment la Grande-Bretagne, eu égard aux grands » avantages qu'elle lui offre pour son commerce et » pour sa consistance politique... Les côtes de la » mer Noire offrent une mine de richesses qui n'a » pas encore été exploitée par les spéculateurs an- » glais... Si l'on veut se convaincre que la Turquie » succombera bientôt sous les coups que lui prépare » la Russie, on n'a qu'à comparer les ressources » des deux pays... Constantinople même ne peut » pas être regardé comme un poste tenable ; et

» quand on songe au mécontentement des Grecs,
» on ne peut guère douter que les sectateurs de
» Mahomet ne soient expulsés de l'Europe, *soit*
» *que l'Angleterre y consente, ou non.* » (Williams
Eton.)

En 1822 , Malte et Corfou sont entre les mains
de l'Angleterre, dont les escadres dominent ainsi la
Méditerranée et l'Adriatique; Venise et Gênes n'existent plus comme États indépendants ; l'Autriche
commande en Italie ; Naples obéit à l'Autriche. La
France a perdu les deux tiers de sa marine ; l'Espagne est en proie à d'inextricables désordres ;
aussi le langage des écrivains ministériels anglais
n'est-il plus le même à l'égard du bouleversement
de l'empire ottoman.

« Il peut amener un état de choses si critique,
» tant de divisions dans le corps européen, et tant
» de difficultés à surmonter pour le reconstruire
» convenablement ; un tel dérangement dans l'état
» actuel des limites, et une telle incertitude de con-
» server l'égalité relative, par une nouvelle dispo-
» sition proportionnelle, *que la neutralité devient*
» *elle-même une prudence discutable.*

» La Turquie ne peut chanceler et périr sans que
» l'ordre général ne soit dérangé dans toute l'Eu-
» rope. *C'est particulièrement l'intérêt de l'Angle-*
» *terre* que la Turquie conserve cette importance
» relative... Les ministres de S. M. estiment que

»la Turquie, dans son état actuel, n'apporte au-
»cun changement au système général ; mais ils ne
»sont pas également certains qu'un nouvel état de
»choses n'entraînât pas des conséquences incalcu-
»lables. »

Cependant l'écrivain anglais ajoute un peu plus
loin ces mots si remarquables aujourd'hui : « La
»roue de la fortune peut nous placer à la fin dans
»une situation où nos désirs seraient d'accord avec
»nos devoirs ; *et la Grece en liberté, nous charmerait*
»par une plus vivante ressemblance avec la mère
»dont elle descend.» (*État de l'Angleterre au commencement de* 1822.)

Ces contradictions manifestes sont pourtant le
résultat d'un système invariable. Il se réduit à satis-
faire aux intérêts du moment, sans qu'aucune considération puisse arrêter, à cet égard, la politique
anglaise. Copenhague, Wasingthon et Parga ren-
dent témoignage de ses œuvres. Mais comme le pa-
triotisme en Angleterre consiste à se montrer Anglais avant tout, dès que le gouvernement suit
cette ligne, le pays profite d'abord, et approuve
ensuite.

Il pourrait bien se faire que cette méthode eût
pris quelque crédit dans les conseils de la cour de
Russie, et que, la jugeant aussi profitable à Pétersbourg qu'à Londres, on se mît de part et d'autre
à décider d'après les intérêts temporaires la grande

question de la Turquie , sauf à laisser à l'avenir le soin d'en développer plus tard toutes les conséquences.

C'est ce que les évènements ne tarderont point à éclaircir.

Mais, en attendant, on peut inférer de la déclaration officielle publiée en 1822 par le cabinet britannique, corroborée par le discours d'ouverture du parlement en 1828, que la conduite politique de la cour de Saint-James se règlera sur deux conditions :

1° Le maintien formel de la puissance ottomane;

2° Une intervention favorable à l'indépendance de la Grèce[3].

Sur le premier point il y aura sans doute dissidence entre la Russie et la Grande-Bretagne.

Sur le second, quand il y aurait accord ostensible, les vues secrètes seraient différentes, car le combat de Navarin n'a rien prouvé encore [4].

Pour les Russes, Constantinople est la question principale; l'indépendance des Grecs n'est que l'accessoire ou le prétexte.

Les Anglais, au contraire, voudraient rattacher à la cause des Grecs tout l'intérêt du moment, et mettre en dehors la Turquie d'Europe, comme un écueil qu'il importe d'éviter.

La force des choses l'emportera peut-être sur les calculs des hommes ; et ce ne serait pas la première fois qu'on aurait vu les intérêts permanents compromis par des éventualités.

Maître d'Azof en 1696, Pierre Ier fut mis en possession par une trève, deux ans plus tard, de la libre navigation dans la mer Noire, et du droit de passer les Dardanelles pour aller commercer dans la Méditerranée. Les Turcs voulaient rompre cette trève, l'Angleterre s'y opposa ; elle favorisait alors les Moscovites aux dépens de la Turquie.

Lorsqu'après une lutte de quatre-vingts ans, les sept provinces unies obtinrent que l'Espagne les reconnût comme états indépendants, ces républiques ne furent pas satisfaites d'avoir conquis leur liberté, et de s'être emparé des plus belles colonies de leur ancien souverain, ainsi que du commerce le plus étendu ; elles forcèrent Philippe IV de condamner les dix provinces qui lui restaient, à renoncer aux avantages commerciaux de leur situation géographique. De là la fermeture de l'Escaut.

D'après les stipulations du pacte de famille, la cour de Madrid, lors de la guerre d'Amérique, ne pouvait se dispenser de prendre part aux hostilités entre la France et la Grande-Bretagne. Cependant le roi d'Espagne, inquiet de l'exemple donné à ses possessions d'outre-mer, hésita. Il se porta pour médiateur, mais le ministère anglais n'ayant pu se décider à reconnaître l'indépendance des États-Unis, aïnsi que Charles III l'exigeait, ce prince déclara la guerre à la Grande-Bretagne.

Ainsi, dans la même cause et à la même occasion, la France préparait sa révolution intérieure, et l'Espagne autorisait l'insurrection de ses propres colonies.

L'Angleterre assistant aujourd'hui aux révolutions du Brésil, du Mexique, du Pérou, qu'elle encourage et favorise, peut y voir ce qui l'attend un jour à la Jamaïque, au Cap et sur les bords du Gange [5].

Le partage de la Pologne a-t-il procuré à la Prusse et à l'Autriche une force proportionnelle à celle acquise par la Russie? L'empereur Nicolas n'est-il pas aujourd'hui, dans l'opinion, le véritable souverain, et le seul espoir des Polonais? Qu'il s'avance vers l'Europe, ou s'étende vers l'Asie ayant l'armée polonaise pour avant-garde, de quel péril ne menace-t-il point les monarchies voisines?

L'Angleterre, lorsqu'elle a pris contre le Danemarck une résolution *ab irato*, lorsqu'elle a anéanti d'un seul coup la marine danoise, n'a-t-elle pas détruit dans la mer Baltique un contre-poids qu'elle voudrait y retrouver aujourd'hui?

Sous le règne de Catherine II, la flotte russe dans la mer Noire était déjà très supérieure à la flotte ottomane. Depuis cette époque, la Russie n'a point négligé sa marine et s'est fort occupée de ses établissements dans la mer Noire. La Turquie, au contraire, s'est affaiblie ; et l'Angleterre, par le combat de Navarin, a contribué récemment encore à diminuer les moyens de résistance des Ottomans[6].

Nous ne doutons point que l'Autriche et l'Angleterre n'aient puissamment encouragé la destruction des janissaires. Le cabinet de Londres, dans un écrit officiel que nous avons déjà cité, ne balançait pas à la présenter comme le meilleur moyen de fortifier et d'affermir le gouvernement ottoman.

Cette effrayante boucherie eut lieu au mois de juin 1826, et dura plus de quinze jours. Des milliers d'hommes furent égorgés pour assurer la puissance de leur bourreau. Mais comme si la Providence voulait se hâter de punir ces froids et criminels calculs de la politique, deux ans après, le sultan Mahmoud, encouragé par un succès atroce, ne balance point à braver toute la chrétienté, et court à sa ruine par la voie préparée pour l'en préserver.

On aperçoit maintenant les conséquences funestes des fautes faites par la France, lorsqu'elle a occupé successivement Malte, Venise et Corfou, pour les livrer ensuite à des rivaux auxquels il sera bien difficile de les arracher.

L'Autriche, à cet égard, n'a guère été plus prudente. Elle s'est agrandie en Italie, mais s'est-elle fortifiée en grandissant? Malgré la possession de

Venise, quelle influence a-t-elle dans la Méditerranée, dans l'Adriatique? et l'importance de Trieste n'est-elle pas fort diminuée, depuis que les Anglais sont maîtres de Corfou?

Si la Russie donnait aujourd'hui la main aux projets de l'Angleterre en faveur de l'indépendance de l'Archipel grec, quel pourrait en être le résultat? c'est un écrivain anglais qui nous l'apprend. « L'ac- » croissement prodigieux des forces de l'Angleterre » serait l'effet de la liberté que lui devrait la Grèce, » en raison surtout des recrutements pour sa marine, » et des excellents ports qui lui seraient ouverts. Elle » y trouverait les moyens d'anéantir à son gré les » flottes de la Russie, ainsi que ses établissements » de la mer Noire, et de leur fermer pour toujours » l'entrée de la Méditerranée. Tous les projets con- » çus par la cour de Pétersbourg, pour la prospé- » rité des provinces méridionales de la Russie, s'éva- » nouiraient, et cet empire se trouverait sous la » dépendance exclusive de l'Angleterre, pour l'ex- » portation de ses produits. »

De là surgit pour le cabinet de Pétersbourg l'indispensable nécessité de se mettre promptement à cheval sur les Dardanelles, et de s'emparer de tous les débouchés de la mer Noire, pour les ouvrir ensuite aux libres et paisibles explorations du commerce, et les tenir à jamais fermés à toute entreprise qui pourrait en menacer l'indépendance.

L'intervention armée de la France et de l'Angleterre dans les affaires de la Grèce a donc appelé nécessairement les étendards russes sur les rives du Bosphore; c'est là que vont commencer les développemeents d'une scène nouvelle, pour laquelle tous les acteurs ne sont pas préparés peut-être; scène ouverte par quelques hommes, sous les auspices d'une philanthropie généreuse, et dont les empires les plus puissants sont destinés à subir le périlleux et incertain dénouement, au prix du sang et des trésors de leurs sujets.

Comme les évènements se présentent sous le même aspect, nous sommes forcés de répéter en 1828 ce que nous avions déjà dit en 1824.

La guerre, si elle est inévitable, ne devrait avoir lieu qu'entre les deux grands pouvoirs qui dominent l'Europe; la Russie d'un côté, et de l'autre l'Angleterre, ayant avec la Turquie un intérêt commun et avoué.

Tous les états du nord doivent voir sans inquiétude la Russie se porter vers l'Orient, pour déployer en Asie son activité, sa puissance et ses ambitieux desseins. Plus ses forces seront occupées et s'étendront, moins elles seront à craindre pour nous, et moins il sera difficile à quelques cabinets de combiner entre eux les moyens d'établir une barrière solide, que dans sa position nouvelle la Russie aurait d'ailleurs peu de motifs de vouloir franchir.

Depuis long-temps les hommes d'état, les écrivains, les philosophes, les spéculateurs politiques de toutes les espèces, ont averti l'Europe des dangers que pouvait lui faire courir l'accroissement gigantesque de l'empire russe; le système de partage n'en a pas moins succédé au système d'équilibre, et les fautes des ennemis, des alliés même de la Russie, l'ont aidée autant que sa propre fortune.

L'empereur de Russie n'a jamais désarmé; ses soldats sont devenus aussi embarrassants pour lui-même que redoutables pour ses voisins. Le moment est venu de les employer; et ceux qui n'auraient point osé lui demander de licencier la moitié de ses régiments, auraient difficilement le crédit de régler aujourd'hui l'usage qu'il en voudra faire.

D'un autre côté, la puissance maritime et commerciale de l'Angleterre est devenue tellement prépondérante, tellement exclusive, qu'elle a osé ériger en principe les plus étranges abus de la force, et qu'il a fallu consentir à en faire la base des traités.

Si nous reconnaissons que le cabinet britannique a un intérêt immense à prévenir la chute de l'empire ottoman, il faut nous attendre qu'il ne négligera rien de ce qui pourra le conduire à ce but; et il faut avouer que ses lumières, son audace, son activité et ses moyens sont d'autant plus étendus, qu'aucun scrupule n'en arrête les effets.

Il n'y a point de distances pour la marine anglaise; elle écarte et rapproche à la fois. Ses vaisseaux pourraient franchir les Dardanelles; ses rapports avec un nouveau gouvernement établi en Grèce pourraient être déterminés avant que la querelle entre les Russes et les Ottomans eût pris un caractère décisif.

Située entre l'Espagne et l'Italie, favorisée par l'Angleterre, la république des Hellènes pourrait grandir et se fortifier rapidement, et ce serait un terrible adversaire que la Grande-Bretagne placée par la nécessité à la tête des révolutions.

Nous ne prétendons dissimuler aucun des inconvénients attachés à la subversion de l'empire ottoman. Mais, pressé de tous côtés par les arts, les lumières et la religion de ses voisins [7], le gouvernement turc n'appartient plus à l'Europe; et sa chute, quels qu'en soient les résultats politiques, sera dans notre siècle une des preuves les plus éclatantes des avantages de la civilisation.

Pendant que les Turcs restaient stationnaires dans leur barbarie, les Russes s'avançaient à pas de géant dans la carrière de l'ordre et des sciences, et les progrès de la puissance ont suivi les progrès des lumières.

C'est maintenant à l'Europe, plus éclairée encore que les Russes, à tirer parti, s'il se peut, pour elle-même, d'une révolution qu'elle ne saurait empêcher, et qui, en définitive, peut tourner à son profit.

Tel est le problème que nous allons chercher à résoudre, en examinant la position relative des autres états, comme nous avons indiqué celle de la Russie et de l'Angleterre.

Dans la crise qui menace la paix du monde, et dont les effets sont malheureusement à la veille d'éclater, la France, l'Autriche et la Prusse nous semblaient devoir prendre une position commune ; il nous sera permis de rappeler qu'elle avait été l'objet de nos prévisions, puisqu'en 1822 nous nous en étions expliqué en ces termes :

« La France, l'Autriche et la Prusse pourraient
» cimenter par une triple alliance les liens qui les
» unissent déjà ; rester spectatrices de la lutte sans
» consentir à s'engager ni avec l'Angleterre, ni avec
» la Russie ; préparer de concert, et en silence, les
» moyens de maintenir l'équilibre européen, et, sui-
» vant les évènements, incliner ensemble du côté où
» la cause générale indiquerait leur place.

» Le premier besoin et le véritable vœu de toutes
» les nations, est d'affranchir les mers et le conti-
» nent de toute domination exclusive, et de vivre en
» paix à l'abri de gouvernements forts, sages et pro-
» tecteurs.

» C'est à la France, à l'Autriche et à la Prusse qu'il
» appartient de viser à ce but, par un bon système

» de neutralité armée, fondé sur de mutuelles con-
» cessions, une loyale unité de vues, et une grande
» fermeté d'action.

» Le moment d'une réconciliation durable est ar-
» rivé; il est temps d'effacer de fâcheux souvenirs et
» d'éteindre des rivalités sans objet. La France et
» l'Autriche ne sont plus ce qu'elles étaient sous le
» cardinal de Richelieu, et les cours de Vienne et de
» Berlin sont bien loin de la paix de Breslaw. »

Cette politique n'a point été celle du ministère
français. Placé entre la Russie, décidée à favoriser
l'émancipation des Grecs, sans trop s'embarrasser
de ménager la Porte Ottomane; et l'Angleterre, dé-
terminée au contraire à soutenir les Turcs comme
puissance, et à ne considérer l'affaire de la Grèce
que comme un incident; peut-être notre cabinet a-
t-il embrassé un système à lui. Voyons donc quels
efforts ont signalé ses desseins et son influence.

Nos flottes se sont combinées avec les flottes de
l'Angleterre et de la Russie, et même ont combattu
de concert avec elles.

L'Autriche au contraire s'est abstenue. Où se
trouvait dans cette conduite l'intérêt de la France?
il serait bien difficile de l'y rencontrer.

Qu'on nous permette d'écarter de ces graves
questions tout ce qui tient à des calculs éphémères;
que caressent ou repoussent les opinions du moment. Il y a des intérêts nationaux et permanents

qui ne dépendent point de telle ou telle forme de gouvernement, et c'est de ceux-là seulement que nous avons à nous occuper. L'opinion peut, à la vérité, l'emporter en certaines circonstances sur la séparation plus ou moins marquée des convenances politiques, mais c'est un effet purement temporaire. Dès que la lutte a cessé, on en revient aux principes qui, étant fondés sur des distinctions locales et essentielles, ont le plus grand degré possible d'immutabilité. L'histoire abonde, à cet égard, en faits bien propres à servir de leçon, et nous citerons les plus récents pour démontrer à quel point cette pensée doit prévaloir.

Les vaisseaux de la France, de l'Angleterre et de la Russie combattaient naguère sous le même chef.

Le discours de la couronne, lors de l'ouverture du parlement, a prouvé que le cabinet de Saint-James avait singulièrement modifié ses idées.

Des actes plus récents nous apprennent que la cour de Pétersbourg ne se croit plus enchaînée par le traité du 6 juillet.

Les évènements recèlent assurément plus d'un germe de rupture entre les cours de Londres et de Russie.

Combien donc, dans un court espace de temps, la situation relative de la France a changé, et combien elle pourrait changer encore !

Qui oserait affirmer qu'il faut se décider pour l'Angleterre?

Qui voudrait trancher en faveur de la politique russe?

Ce n'est pas tout. Le ministère de M. Canning avait embrassé avec chaleur la cause des républiques américaines, celle de l'affranchissement de la Grèce, celle des constitutionnels portugais. Les Wiggs, successeurs de M. Canning, persistaient dans cette voie, qu'ils auraient sans doute élargie encore.

On nous prêchait alors l'union la plus étroite avec l'Angleterre; une année s'écoule à peine, et voilà qu'un ministère tory, ayant à sa tête le duc de Wellington, annonce un plan différent.

Aussitôt les mêmes politiques répudient l'alliance avec le cabinet de Saint-James; et, comme par répugnance pour les gouvernements absolus, ils ne veulent se rapprocher ni de la cour de Vienne, ni de celle de Pétersbourg et de Berlin; il ne resterait bientôt plus à la France d'autres ressources, en fait de négociations et d'alliances, que Bolivar, Boyer, et peut-être M. Capo d'Istrias.

Écartons des chimères auxquelles ne croient point ceux qui s'en amusent, et prenons pour guide cet amour sincère du pays, qu'aucune passion n'aveugle, et qu'aucun préjugé n'égare.

L'union avec la Russie, dans ses entreprises contre la Porte, serait pour la France un non-sens absolu : car cette union ferait naître le péril d'une guerre avec la Grande-Bretagne, sans que la Russie, seulement à cause de sa position géographique, pût, d'un côté, nous mettre à l'abri d'aucune des chances qu'elle ne courrait point elle-même ; de l'autre, nous garantir la moindre part dans les avantages que ses succès pourraient lui procurer.

L'union avec l'Angleterre contre la Russie, n'aurait pas plus les caractères d'une saine politique.

Où voit-on, pour tout état dont l'Adriatique ou la Méditerranée baigne les côtes, quelque moyen d'établir un juste équilibre de puissance morale ou matérielle, dans un pacte quelconque fait avec l'Angleterre, relativement aux affaires de la Grèce ?

De quelle indépendance jouiraient les Grecs eux-mêmes, de l'Archipel et de la Morée, sous le protectorat de la Grande-Bretagne ? La république des Sept-Iles ne leur a-t-elle point appris ce qu'était la liberté politique et commerciale sous l'égide du cabinet de Londres ? Les gouvernements les plus absolus offrent-ils aux peuples qui leur sont soumis quelque chose de plus menaçant que tout ce que nous voyons en Irlande et dans l'Inde [8] ?

L'Autriche, à cause de la possession de Trieste et de Venise ; la France et l'Espagne, à cause de leurs grands établissements dans la Méditerranée, ne sauraient voir du même œil que la Russie et l'Angleterre les démêlés de la Grèce avec la Porte Ottomane, et les évènements qui peuvent en être la conséquence.

Que la Turquie s'affaiblisse au profit des deux empires que nous venons de nommer, on peut affirmer qu'à l'instant la situation de la France, de l'Autriche et de l'Espagne, soit dans l'Adriatique, soit dans la Méditerranée, deviendra proportionnellement plus précaire et moins forte. On concevrait qu'après le succès inattendu de l'expédition de la Péninsule ces trois puissances, jetant un regard attentif sur les troubles de l'Archipel, eussent entrepris d'unir leur politique et leurs efforts pour donner à la lutte ouverte l'issue la plus favorable possible à leurs communs intérêts.

Mais que la France ait suivi dans les affaires de la Turquie l'impulsion des cours de Londres et de Pétersbourg, c'est ce qu'on a de la peine à comprendre.

Lorsque la paix de Jassy fut signée en 1791, Constantinople fut sauvée par la médiation de l'Angleterre et de la Prusse. Jusqu'en 1792, M. Pitt avait encore l'œil ouvert sur les projets ambitieux de la cour de Pétersbourg. Les progrès de la révolution française absorbèrent bientôt toute l'attention du cabinet britannique. L'objet unique fut de susciter des ennemis à la France ; et, lorsqu'en 1795 Catherine entra dans la coalition, ce fut à la condition expresse que l'Angleterre ne mettrait plus d'obstacles à ses projets contre la Turquie. Un peu plus tard, en 1798, une alliance réunit contre la France le croissant lui-même à l'aigle moscovite.

Ce système se soutient tant que la puissance française demeure un objet de terreur et de jalousie. En 1806 et 1807 l'Angleterre a besoin des secours de la Russie contre Napoléon, l'amiral Ducworth franchit les Dardanelles; une armée russe pénètre en Moldavie; les Anglais demandent aux Turcs quinze vaisseaux, tandis que les Russes prennent leurs places et occupent leurs provinces.

En 1812, ce sont les Turcs qu'on sollicite en faveur de la Russie, et la Grande-Bretagne détermine le divan à signer la paix qui permet aux armées russes de venir nous disputer le passage de la Bérésina.

En 1821, après la mise à mort du patriarche grec [9], et le massacre d'un grand nombre d'autres chrétiens, M. de Strogonoff déclarait, au nom de l'empereur Alexandre, à la Sublime Porte:

« Qu'elle se constituait en état d'hostilité ouverte »contre le monde chrétien; qu'elle légitimait la »défense des Grecs combattant pour se soustraire »à une perte inévitable; et que, vu le caractère de »cette lutte, la Russie se trouverait dans la stricte »obligation de leur offrir asile, parcequ'ils seraient »persécutés; protection, parcequ'elle en aurait le

» droit ; assistance, conjointement avec toute la
» chrétienté, parcequ'elle ne pourrait livrer ses
» frères de religion à un aveugle fanatisme. Qu'il lui
» faisait savoir les seules conditions auxquelles la
» Sublime Porte pouvait éviter une entière ruine. »

Huit jours étaient fixés au divan pour sa réponse :
le délai expire, M. de Strogonoff demande ses passe-
ports, les obtient, et part [10].

En 1822, le cabinet britannique publie officiel-
lement « que la Turquie ne peut chanceler et périr,
» sans que l'ordre général ne soit proportionnelle-
» ment dérangé en Europe. Il est de l'intérêt par-
» ticulier de l'Angleterre que la Turquie conserve
» son importance relative, *et il est peut-être devenu*
» *nécessaire d'augmenter plutôt que de diminuer sa*
» *puissance.* »

Ce tableau rapide et vrai nous apprend que nous
avons aussi le droit de régler notre politique sur
nos seuls intérêts, et que les vains ménagements,
dans les questions graves soulevées par les affaires
de la Turquie, deviennent pour nous *une prudence
discutable.*

Il ne faut jamais perdre de vue que la Grande-
Bretagne forme une exception nécessaire dans le
cadre général de l'Europe : sa position insulaire,
appuyée d'une marine prépondérante [11] ; la met
à même d'attaquer partout, sans être vulnérable
nulle part.

Elle rentrera dans la classe d'une puissance continentale ordinaire dès qu'elle aura des voisins capables de lui donner des inquiétudes sérieuses; c'est sur les rives du Gange que ce danger, encore fort éloigné, est à courir pour elle [12].

La richesse et l'étendue de son empire dans l'Inde ont excité avec d'autant plus de raison l'attention et la jalousie des autres gouvernements, que jamais ces immenses acquisitions ne sont entrées dans la balance des traités souscrits par elle. Il semblait que l'Angleterre eût le droit de dépouiller les souverains des plus belles contrées de la terre, et de s'approprier à leurs dépens tout ce qui se trouvait à sa convenance, sans qu'on pût en faire l'objet d'une question, nous ne disons pas opposée, mais même relative aux prétentions qu'elle élevait en Europe.

Que le cabinet de Pétersbourg essaie donc de refouler les Turcs en Asie, et cherche ainsi à se rapprocher des plus riches domaines de la Grande-Bretagne, la France n'a, sous ce rapport, aucun motif de s'opposer aux entreprises de la Russie.

Que, de son côté, l'Angleterre déploie toute sa puissance contre les efforts de la puissance russe.

L'intérêt de l'Europe serait de rester, si elle le pouvait, spectatrice d'une lutte où il s'agira d'user des forces qui pèsent sur le globe entier.

Plus elle serait longue et difficile, plus il serait permis d'espérer qu'elle contribuerait à affranchir les mers et le continent de toute domination exclusive.

Qu'importe à la Russie l'indépendance de la Grèce, si ce n'est pour elle un prétexte d'occuper la Moldavie et la Valachie, et de s'ouvrir le chemin de Constantinople? Mais quel fruit pourrait-il en revenir à la France? Et, à moins que le cabinet britannique ne consentît préalablement à rendre Malte à ses anciens maîtres, à remettre Corfou à l'Autriche, à délivrer la Méditerranée de l'influence absolue de son pavillon, quel serait le résultat de notre intervention armée dans l'Archipel, à la suite de l'Angleterre?

Le combat de Navarin nous a déjà donné une leçon suffisante; les faits parlent, ils sont évidents.

L'amiral Codrington a détruit une flotte qui ne portait pas le pavillon anglais; il a étouffé peut-être pour long-temps les idées qui commençaient à germer en Égypte; il a arrêté les premiers pas d'une puissance naissante et rivale; enfin, il a préparé, au profit de son pays, le protectorat de la Grèce, qui ne sera que nominal pour tous les autres états intervenants.

Quel a été le lot de la France?

Des embarras commerciaux assez sérieux;

Des efforts et des armements dispendieux sans compensation ;

Quelques atteintes fâcheuses portées à sa considération extérieure ;

La nécessité de convoyer nos bâtiments de commerce, le blocus d'Alger, la station du Levant, enfin les pertes matérielles quelconques éprouvées en combattant, démontrent les deux premiers points.

Quant au troisième, comment caractériser la conduite de notre cabinet ?

Il laisse l'Espagne impuissante, et cependant il avait reçu et accepté du congrès de Vérone la tâche de faire reprendre à cette monarchie le rang qui lui appartient, et de lui restituer le poids qu'elle devrait avoir dans la balance des intérêts généraux ; il décline la politique autrichienne ; il négocie et agit avec les cours de Londres et de Pétersbourg. Après avoir fourni au pacha d'Égypte les moyens d'anéantir la Grèce, il concerte avec les Anglais la ruine du pacha, il se brouille en même temps avec le dey d'Alger : de sorte qu'il est impossible de savoir si nous étions politiquement Anglais ou Autrichiens, et philanthropiquement Grecs ou Turcs.

En voyant notre ministère favoriser les développements de la civilisation en Égypte, ouvrir avec ce pays de nouvelles communications commerciales, établir même des rapports directs de gouvernement, on croyait qu'il y avait quelque avenir dans ces combinaisons. Il était permis de penser qu'on éclairerait le pacha sur ses véritables intérêts, qu'on le familiariserait petit à petit avec les idées d'indépendance, qu'on l'empêcherait de disséminer ses forces, et de les user à des expéditions aussi hasardeuses que cruelles. L'accroissement de sa puissance maritime paraissait le complément naturel de ces inspirations, il entrait dans les calculs les plus favorables aux deux pays [13]. Certes la neutralité du pacha d'Égypte conseillée par la France eût été le service le plus efficace rendu à la cause des Hellènes, et l'humanité eût applaudi à des efforts qui coïncidaient d'ailleurs avec des bénéfices réciproques évidents.

On a compromis cette position. L'Angleterre, dit-on, s'en empare, et des négociations sont ouvertes entre elle et le maître du Caire. Déjà même le tribut d'usage a préparé les ouvertures diplomatiques; des milliers de Grecs enchaînés ont traversé paisiblement les escadres britanniques, et vont former sur les bords du Nil une nouvelle Morée.

On dépeuple les états de M. Capo d'Istrias pour repeupler ceux de Mohamed-Ali; mais aussi cet échange pourra profiter de plus d'une manière, lorsqu'il sera temps que la Grande-Bretagne tourne sérieusement ses regards vers l'Égypte.

Voilà, jusqu'à ce jour, pour l'humanité et pour nous, le seul fruit de la victoire de Navarin.

Les talents, la bravoure et l'argent des Philhellènes n'avaient pu parvenir à former un état unique de toutes ces petites îles de l'Archipel, accoutumées à vivre de piraterie, et qui persistent à se conduire comme autant de nations différentes.

Le Péloponèse offrait seul à des idées d'ensemble et à une organisation régulière quelques chances de succès. Il pouvait servir de centre et d'exemple. Qu'a-t-on fait du Péloponèse?

Il faut bien se demander aussi, qu'a-t-on fait de l'Espagne [14]? Quand cette belle et infortunée monarchie voudrait entrer aujourd'hui dans les plans qu'on pourrait concerter avec elle, quels conseils et quels secours en attendre?

Ses colonies se sont séparées d'elle. L'Angleterre s'est occupée ouvertement de les soustraire à l'obéissance de la métropole. Cette entreprise n'offrait point la matière d'un doute. La question de l'Amérique devait donc être examinée d'avance autant dans l'intérêt de la France que dans celui de l'Espagne, et la solution pouvait en être présentée au roi Ferdinand le jour même où nos armes lui rendaient avec sa liberté les moyens de la décider.

En appelant les colonies à l'indépendance, l'Angleterre nous mettait évidemment sur les bras tout le fardeau et tous les frais de l'occupation, puisque l'Espagne privée des galions qui alimentaient son trésor se trouvait dans l'impossibilité de fournir aux dépenses de son gouvernement.

Une négociation calculée avant d'entrer en campagne, maîtresse de l'occasion, habile à la saisir, assurait peut-être le plus beau résultat de l'expédition de la Péninsule.

On n'a rien fait, rien prévu, et qu'est-il arrivé ? l'Espagne a perdu ses colonies, et la France perdra tous les millions employés à secourir Ferdinand VII

Si du moins l'état de la monarchie espagnole offrait en Europe quelque amélioration ; mais depuis que les souverains alliés ont jugé à propos de s'occuper du salut de l'Espagne, il semble que tout ait conspiré à la ruine absolue de cette vaste contrée.

L'autorité royale méconnue, le glaive substitué à l'encensoir, les campagnes dévastées, les vengeances à la place de la justice, l'arbitraire à la place des lois, le trésor sans argent ; les soldats déguenillés, l'armée sans solde, les employés sans salaire, toutes les routes infestées par des bandits, toutes les côtes insultées par des pirates.

Et tant de désordres et de maux couronnés par une occupation étrangère destinée à y mettre un terme ! et l'armée française, assistant depuis cinq ans, l'arme au bras, et en gémissant, à ce spectacle d'anarchie, de cruautés et de misères! voilà l'Espagne!

Ce pays, jusqu'à nouvel ordre, ne saurait donc offrir les chances d'une assistance mutuelle; et cependant il pèsera encore sur la France d'une manière spéciale, embarrassante et positive.

En effet, que nos troupes restent, ou qu'elles franchissent les Pyrénées, il est à présumer que les évènements de la Péninsule seront encore longtemps pour nous l'objet d'une diversion fâcheuse, puisque les affaires de l'Europe peuvent exiger ailleurs notre intervention, et l'application de notre budget de la guerre.

Ainsi les imprudences du passé viendront dans l'avenir user nos forces, compromettre nos négociations, et nous priver de mille chances favorables, que des rivaux habiles pourront mettre à profit sans nous.

Tel est le résultat d'une politique incertaine et vacillante, agissant au jour le jour, fière de se glisser à travers les évènements, quels qu'ils soient, sans les provoquer, ni les prévoir; croyant que le meilleur plan est de n'en point avoir; que laisser couler le temps, c'est en user habilement, apparemment parceque ce genre d'habileté prouve encore que l'on vit, et qu'enfin végéter ce n'est pas cesser d'être.

Il est donc démontré que l'Espagne, sous tous les

rapports d'influence et d'action réciproques, ne peut figurer aujourd'hui que comme embarras et comme charge [15].

"Le spectacle de l'Italie n'est guère plus satisfaisant. Les cours de Naples et de Turin devraient, à cause de leurs possessions dans la Méditerranée, suivre les conseils d'une politique conforme à la nôtre; mais, ainsi que l'Espagne, les royaumes de Naples et de Sardaigne n'ont plus dans la balance générale qu'un poids négatif. Partout où la France cherche dans ces parages des points d'appui, elle ne rencontre que des débris dispersés par elle-même, et ne recueille que les fruits amers de cette fatale manie de conquêtes, qui a fini par fortifier tous ses ennemis aux dépens de tous ses alliés naturels.

Aussi ce n'est plus vers elle, c'est vers l'Autriche que le divan tourne ses regards, pour obtenir un secours nécessaire, mais équivoque et tardif, contre les périls qui le menacent.

Que fera la cour de Vienne? étendant un bras sur le midi, un autre sur le nord; effrayée de l'indépendance de la Grèce, des murmures de l'Italie, des souvenirs de la Pologne, des constitutions de l'Allemagne; entraînée par la Russie et l'Angleterre dans une orbite qui n'est pas la sienne; réduite à ne pouvoir accepter ni répudier sans péril les funestes présents qu'on voudra lui faire, elle négociera, comme elle l'a déjà fait, pour retarder la chute de l'empire ottoman. Mais le jour où elle y sera forcée, l'Autriche ne manquera pas d'entrer dans les conditions d'un traité de partage. Dès ce moment, on aura grand soin de faire un mystère au cabinet des Tuileries des prétentions respectives ; et, si l'on peut, on réduira la France au rôle passif qu'on lui a fait jouer lors des saturnales polonaises.

Entre l'Angleterre, la Russie et l'Autriche, quels avantages solides peuvent être concédés à la France, dans les dépouilles de la Turquie? aucuns. Ils ne pourraient d'ailleurs que se rattacher encore à une espèce de système colonial, dont le rôle de notre pays est de s'écarter désormais soigneusement. L'indépendance pour tous les établissements d'outre-mer, sur quelque point qu'ils soient placés, et pour tous la liberté la plus entière du commerce et de la navigation, voilà ce qu'il nous convient de provoquer et d'obtenir [16].

Laissons faire, laissons passer; mais disposons-nous à profiter avec vigueur des évènements, et rapprochons-nous hardiment des états du continent qui ont les mêmes intérêts que nous.

Lorsqu'elle se décide à marcher vers Constantinople, la Russie n'ignore point que la France verra avec plaisir se diviser et s'éloigner des forces dont on ne peut plus contenir le débordement. D'ailleurs cette double réaction de la civilisation sur la barbarie, et de la chrétienté sur le mahométisme, ne peut-elle pas être considérée pour le monde entier comme l'époque d'une ère nouvelle? Lorsqu'en 1453 Mahomet II se rendit maître de la ville de Constantin, le fanatisme prêtait sa force à la plus brutale ignorance; quatre siècles plus tard les lumières règleront entre les mains du successeur des czars un plus utile et plus généreux emploi de la puissance.

En ramenant dans les provinces turques nos arts, nos mœurs, nos usages, nos religions, les Russes, devenus les intermédiaires de l'Europe et de l'Asie, ouvriront au commerce et à l'industrie des routes nouvelles, des débouchés précieux. De ce changement naîtront des avantages que la France sera naturellement appelée à partager. Ils compenseront, et bien au-delà, ceux que la Turquie, dans son état barbare, a jamais pu nous offrir.

L'Autriche verrait ses belles possessions d'Italie en recueillir une assez riche portion, si la Grèce, sous quelque forme de gouvernement que ce soit, pouvait jouir d'une indépendance véritable.

Mais l'Autriche a quatre millions de sujets grecs, et il faut convenir qu'elle a le droit de concevoir de justes alarmes, lorsqu'il s'agit, d'une part, d'affranchir les Grecs de la Méditerranée, et de l'autre, de relever le trône de Constantin, au profit d'un prince russe, grec de religion, et protecteur de tous ses coreligionnaires[17].

Enfin, en supposant tous les obstacles aplanis entre la France, la Russie et l'Autriche, comment ces trois puissances pourraient-elles échapper à la nécessité de soumettre à l'arbitrage et à l'intervention de l'Angleterre les nouvelles relations qu'il leur plairait d'établir entre elles? La mer Noire, la Méditerranée, l'Adriatique, verront-elles leurs communications ouvertes et libres? Quelles seront, à cet égard, les garanties efficaces et les sûretés réelles offertes au commerce?

En plaçant l'existence sociale des Grecs sous une protection commune, on croira avoir beaucoup fait peut-être. Mais la France, si sa situation relative reste ce qu'elle est, n'entrera jamais dans cette communauté que pour une part nominale; nos provinces méridionales n'en tireront aucun fruit, et la Grande-Bretagne jouira de la suprématie dans l'Archipel tant qu'il lui plaira de l'exercer.

Que l'Angleterre évoque les souvenirs de Sparte et d'Athènes, pour couvrir de l'éclat de ces noms antiques les voies nouvelles préparées aux spéculations de son commerce! qu'animés du plus noble enthousiasme, une foule d'hommes honorables redemandent aux barbares les lieux célèbres qui entendirent les chants d'Homère et les leçons de Platon! Plus près de nous, sur les rives du Rhône, il existe des descendants non dégénérés de cette grande Grèce, qui s'associèrent de bonne heure aux enfants des Gaules, et nous n'hésitons point à réclamer pour l'antique et opulente Marseille tout l'intérêt qui s'attache à cette double position.

Venise et Trieste, Naples et Gênes, déchues de leur ancienne splendeur, n'aspireraient pas moins à revoir les jours de leur prospérité; et quel plus grand bienfait l'Autriche pourrait-elle apporter à l'Italie que la liberté des mers qui l'environnent!

Mais la cour de Vienne, dont la pensée dominante est de fortifier et d'agrandir son ascendant extérieur, se montre peu jalouse de laisser développer les germes féconds que ses riches possessions renferment. La stricte conservation de ce qui existe lui paraît en tout la condition la plus désirable. Elle ne s'effraie pas plus de la barbarie des Turcs, qu'elle ne s'afflige de l'esclavage des Grecs, et si jamais elle se résigne à la dislocation de l'empire ottoman, elle fera sa part la plus grande possible; mais il est douteux qu'elle y change rien.

Quoi qu'il en soit, dans les grands débats relatifs aux affaires de l'Orient, l'Autriche, prenant d'un côté, sera distraite de l'autre. Elle ne saurait donc empêcher la France, la Prusse et l'Allemagne de chercher aussi des combinaisons nouvelles plus propres à assurer leur avenir, et à consolider respectivement leur attitude territoriale et politique.

La Prusse semble enchaînée à la Russie par le voisinage, par l'influence de la force, par les liens

et les affections de famille. Mais le jour où le co-
losse russe étendra ses bras vers Constantinople, le
cabinet de Berlin ne pourra-t-il point rentrer dans
le cercle de ses intérêts véritables? La désunion to-
pographique de ses provinces, la disposition des
esprits dans quelques unes, le contact des gouvernements constitutionnels, lui donnent bien des
raisons de redouter les troubles qui peuvent naître
de l'état de guerre. Cependant, quelles que soient la
sagesse et la réserve de ses calculs, il ne peut, pas
plus que nous, échapper aux accidents d'une con-
flagration générale, si malheureusement elle a lieu;
et, dans ce cas, tout lui commande de s'appuyer
de la France, comme tout prescrit à la France de
s'appuyer de lui. Cette bonne intelligence est la
meilleure voie ouverte aux deux pays *pour obtenir
par une nouvelle disposition proportionnelle cette
égalité relative des états* dont l'écrivain officiel anglais
de 1822 reconnaît la nécessité et la difficulté [18].

Pendant long-temps l'Autriche a imploré les secours de l'Europe contre les Turcs, qu'elle a vus sous
les murs de sa capitale; aujourd'hui peut-être elle
armerait l'Europe en faveur des Ottomans, tant elle
redoute l'ascendant de la Russie.

Au congrès de Laybach, elle acceptait contre
l'Angleterre l'appui du cabinet de Pétersbourg,
maintenant elle s'appuiera du cabinet de Londres
contre les prétentions de l'empereur Nicolas. Ce

souverain s'efforcera d'associer la Prusse à ses desseins; et la cour de Berlin recevra aussi des ouvertures plus ou moins franches de l'Autriche; mais les rapports naturels doivent l'emporter, en dernier résultat, sur des rapprochements de circonstance; et la Prusse, il faut du moins l'espérer, restera unie à la France et à l'Allemagne, pour faire pencher la balance du côté le plus favorable à leurs intérêts communs.

Tant qu'il s'agira de mettre l'Europe à l'abri des entreprises de la Russie sur la route de la Pologne, ou d'empêcher l'Angleterre d'affermir entre ses mains le sceptre de la Méditerranée, il est naturel, il est convenable de seconder les efforts de la cour de Vienne.

Mais lorsqu'il sera question de l'empire ottoman, la France, la Prusse et l'Allemagne n'ont aucun motif de prendre part aux démêlés entre la Russie et l'Angleterre; et si, pour avoir quelques lambeaux de cette riche proie, la cour de Vienne entre dans le conflit, ce sera le moment, ou jamais, de profiter des nombreux embarras, des difficultés sérieuses que l'on peut calculer d'avance; et toute l'habileté consistera à faire surgir ses propres avantages, du péril des entreprises d'autrui.

C'est aujourd'hui peut-être que l'Allemagne sera plus spécialement appelée à reconnaître les améliorations immenses survenues depuis vingt ans dans son organisation intérieure. Quand bien même l'homme qui gouvernait la France aurait eu la pensée de ne les faire tourner qu'au profit de son pouvoir personnel, il n'en demeurerait pas moins constant que les deux pays peuvent désormais en recueillir réciproquement les fruits. De mille souverainetés, à la fois faibles et despotiques, dépendantes et absolues, établies dans l'intérêt de ceux qui en étaient revêtus, plutôt que dans l'intérêt de la population, on a formé quelques états dont l'existence civile, militaire, industrielle et administrative a acquis un perfectionnement que le système représentatif doit accroître et garantir. A côté de l'Autriche et de la Prusse, dix ou douze millions d'Allemands ont reçu un régime et une consistance militaires qu'ils ne perdront plus. L'égalité dans l'avancement a appelé aux grades de l'armée la bravoure et le mérite partout où ils se sont rencontrés, et c'est là une conquête dont les effets seront durables.

Aussi loin d'être, comme autrefois, des instruments passifs, la Bavière, le Wurtemberg, Bade, et d'autres souverainetés encore, pourraient, d'un côté, devenir un obstacle, un péril même, et de l'autre, un appui, un secours efficace.

Aux mots de *patrie allemande*, qui retentiraient du haut des tribunes publiques, la France répondrait par ceux de liberté des mers et du continent;

et les avantages mutuels et spéciaux résultant de l'analogie des formes du gouvernement prendraient un développement naturel, dont la loyauté n'aurait plus qu'à cultiver les progrès.

Nous n'avons point parlé de la Suède et du Danemarck, parceque leur rôle, dans la mer Baltique, se réduit à peu près à celui des royaumes de Naples et de Sardaigne dans la Méditerranée. C'est sans doute pour compléter le tableau que la république de Venise a été rayée des états du Midi, comme celle de Pologne avait été effacée des états du Nord.

Le cabinet de Londres ayant négocié avec l'Autriche le retour de don Miguel en Portugal, les troupes anglaises envoyées dans ce pays pour soutenir le parti constitutionnel se retirent. Mais aussi l'armée française évacue, dit-on, l'Espagne, où elle était entrée pour délivrer le roi Ferdinand. D'une part, on replace le régent en face du système établi et reconnu des deux chambres portugaises ; lorsque, de l'autre, en brisant les fers du roi, on l'avait affranchi de toute participation des cortès espagnoles au pouvoir. Ces contradictions porteraient à croire que ni la France, ni l'Angleterre n'auraient atteint le but qu'elles s'étaient proposé ; mais c'est une erreur, et en voici la preuve :

La France reste grevée d'une dépense, inutile pour elle, de quatre-vingt-dix millions, et l'Angleterre la force d'abandonner les gages qui pouvaient en assurer le remboursement. Les troupes, en se retirant, laissent la Péninsule livrée à mille désordres qui exposent la France à tous les frais et à tous les inconvénients d'un voisinage turbulent. Enfin le Portugal et l'Espagne ne pourront entrer pour rien dans le grand conflit des affaires générales, et peut-être empêcheront la France d'y entrer pour quelque chose. La Grande-Bretagne, au contraire, au moment de la crise, en paralysant une bonne partie de nos moyens, aura ressaisi l'usage de tous les siens.

Ce n'est pas sans un profond sentiment de douleur que nous avons tracé ces derniers traits de notre situation politique extérieure ; mais une nation de trente-deux millions d'habitants, aussi active, aussi valeureuse que la nôtre, ne saurait être traitée comme ces rois fainéants, endormis sur leur trône, et dont les accents de la vérité troubleraient le sommeil. Il ne faut rien taire du mal qu'on lui a fait, pour qu'elle puisse mesurer tout ce qu'elle vaut, sur le sentiment des forces qui lui restent encore.

Mais il est temps de nous résumer et de conclure. La Russie, qui avait à peine, il y a un siècle, les moyens de tenir tête à la Suède, dispose aujourd'hui d'une armée de sept cent mille combattants, qu'aucune autre ne surpasse en discipline et en bravoure, et n'égale dans la faculté de supporter les privations, les fatigues et l'inclémence des saisons.

Par ses nouvelles acquisitions dans le golfe de Bothnie, elle menace Stockholm; atteignant la Vistule près de Thorn, elle convoite Dantzick; franchissant ensuite ce fleuve, s'avançant vers Kalish, elle se place à une égale distance de Dresde et de Berlin; puis se dirigeant vers le midi et passant à trente milles en-deçà de l'Oder, elle menace Vienne.

Encore quelques jours, la Moldavie et la Valachie seront occupées, et les armées de l'empereur Nicolas camperont sur les bords du Danube. Ce fleuve tributaire du pavillon de la Russie, roule ses flots dans les eaux de la mer Noire, où des expéditions maritimes seront concertées avec les opérations de la grande armée de terre.

Maîtresse du Daughistan et du Sirvan, la Russie s'est étendue jusqu'à l'embouchure du Cyrus, en stipulant que son pavillon flotterait seul sur la mer Caspienne. Ses dernières négociations avec la Perse l'avancent encore sur l'Asie, et l'Amérique n'a point échappé aux vastes plans du cabinet de Pétersbourg, puisqu'en 1813 les Russes s'étaient déjà rapprochés des établissements espagnols de la Californie.

D'un autre côté, la puissance maritime et commerciale de l'Angleterre n'a plus de rivale, et, sur quelque point du globe que l'on tourne ses regards, on voit comme une chaîne immense tendue par les flottes britanniques, et qui tient toutes les nations dépendantes de la volonté des Anglais. Dans la mer Adriatique, elle se rattache aux îles Ioniennes; dans la Méditerranée, à Malte, à la Spezzia, à Via-Reggio, elle intercepte à Gibraltar les communications des deux mers; à Héligoland, elle embarrasse la Baltique. Les bouches de l'Elbe et du Weser sont en sa puissance par le royaume de Hanovre. Du Cap, elle s'étend à l'île de France; de la baie de Campêche, au golfe de Honduras; de la Trinité, aux Antilles. Il n'y a plus d'asile ouvert ni de navigation possible que sous le pavillon britannique. Même en paix, les lois fondamentales de l'Angleterre la placent dans un véritable état de guerre avec les autres nations, et elle ne saurait renoncer à ce système sans compromettre son existence.

Colonies françaises, colonies hollandaises, colonies de toutes les nations, l'Angleterre a tout envahi, et ce qu'elle n'a point envahi, elle l'a bouleversé.

Ce n'est pas tout; pendant que les peuples du continent voyaient de longues dissensions anéantir leur commerce, tranquille et seule maîtresse au milieu des riches contrées de l'Inde, l'Angleterre préparait et amassait des matériaux pour s'approprier exclusivement tous les genres d'industrie qui prospéraient en Europe ; partout elle substituait les productions de l'Inde à celles de nos climats ; naturalisant sous le plus beau ciel du monde toutes les cultures des Antilles, arrivée au point de n'avoir plus besoin dans ces îles que de postes militaires et de simples entrepôts, elle mettait en avant l'insidieuse question de l'affranchissement des Nègres, pour que les Européens fussent privés des derniers marchés qui leur restent au-delà des mers [19].

Ainsi s'est accompli ce plan vaste et audacieux d'empire maritime et commercial universel, fondé sur une force effective et sans contre-poids, sur des points d'appui inaccessibles, et sur un système qui n'admet ni lois, ni principes, ni faits en contradiction avec ses intérêts. Il existera tant qu'il plaira à la Providence d'en permettre la durée.

La prépondérance continentale de la Russie, et la prépondérance maritime de l'Angleterre, sont donc deux faits de l'époque actuelle qu'il n'est plus permis de contester.

La guerre de l'Orient peut mettre en présence les deux ambitions rivales, auxquelles le reste du globe doit chercher à se soustraire.

C'est aux autres puissances à voir si, dans les évènements qui se préparent, elles pourraient trouver l'occasion de rétablir l'équilibre, et si, *en cas de chute ou de partage de l'empire ottoman, il se présenterait une nouvelle disposition proportionnelle*

*propre à ramener ou à conserver l'égalité relative
des états?*

En entrant dans l'alliance de la Russie ou de l'Angleterre, quelle que soit l'issue des négociations, on peut affirmer d'avance que l'Autriche, la France et la Prusse n'en sortiront point relativement plus fortes, qu'en définitive les mers ne seront pas plus libres, et que l'Europe ne sera pas plus rassurée contre les irruptions des armées russes.

Prenons pour exemple le dernier traité d'Akerman entre la Porte et la Russie, et celui du 6 juillet, entre les cours de France, de Londres et de Pétersbourg, relatif aux affaires de la Grèce.

Si l'on en croit les écrivains anglais, les hostilités ouvertes ne seraient point la conséquence nécessaire des manifestes publiés par les deux cours rivales, car le combat *imprévu* de Navarin ne compte point pour un acte d'hostilité.

La Russie occuperait les deux principautés, et se porterait sur le Danube, en vertu du traité d'Akerman; et la Grèce affranchie cesserait de faire partie de l'empire ottoman, en vertu du traité du 6 juillet.

Jusque là les puissances alliées ne devraient trouver aucun motif de se diviser entre elles, et tout se passerait le plus pacifiquement du monde, surtout si quelque bataille, encore imprévue sans doute, venait une seconde fois déterminer le divan à supporter définitivement la perte de la Grèce et des deux principautés.

Dans tout ceci, on peut évaluer sans peine les sacrifices de l'empire ottoman: on voit de même fort clairement les bénéfices de la Russie et ceux de l'Angleterre.

Mais pourrait-on nous dire ce que gagneront l'Autriche et la Prusse, qui ne sont parties intervenantes ni dans l'un ni dans l'autre traité?

Et quels seraient les avantages de la France, de l'Espagne et de l'Italie, lorsque la Grèce se trouverait, comme les Sept-Iles, sous le protectorat effectif de l'Angleterre? Maîtresse absolue dans la Méditerranée, cette puissance aurait déjà, pour ainsi dire, un pied en Égypte, et le résultat définitif des traités d'Akerman et du 6 juillet, serait non seulement de rendre dès à présent les cours de Londres et de Pétersbourg proportionnellement plus fortes, mais encore d'ouvrir la carrière la plus vaste et la plus sûre aux plans qui peuvent occuper leur avenir.

L'Autriche ne peut donc rester spectatrice immobile de l'envahissement de la Valachie et de la Moldavie; tout en déplorant l'accroissement de la puissance russe, qu'elle ne pourra ni ne voudra empêcher, elle s'en rédimera, de son côté, aux dépens des Turcs. Il faudra qu'elle suive l'impulsion donnée par le cabinet de Pétersbourg, et qu'elle chemine malgré elle sur une route où il est également périlleux d'aller en avant et de rester en arrière.

Quelques intérêts passagers appelleront peut-être encore des négociations entre les cours de Vienne et de Londres; mais comment concilier le démembrement des états ottomans que proposera la Russie, avec l'affranchissement de la Méditerranée que refusera l'Angleterre? Nous touchons au moment où les conséquences du passé vont se développer et subir leur épreuve.

Les fautes en politique, a dit un écrivain judicieux, ont cela de fâcheux, qu'elles créent des nécessités de position, dont on ne sort le plus souvent que par d'autres fautes, ou par des efforts de sagesse surnaturels, et qu'on peut rarement faire à temps.

Ce que l'Autriche a laissé faire, d'un côté, à l'Angleterre et à la Russie, ou ce qu'elle a consenti à faire avec elles, la Prusse l'a laissé faire, d'un autre côté, en Allemagne, au profit de l'Autriche.

Avec le secours de la fortune, et, il faut en convenir, de l'habileté, le gouvernement autrichien a obtenu une prépondérance d'autant plus absolue, qu'il s'est présenté comme un rempart contre les dangers qui menaçaient tous les autres gouvernements.

C'est à la Prusse qu'il appartient de remettre l'Allemagne en possession de sa dignité et de son indépendance. Cette occasion perdue ne se retrouvera peut-être jamais.

Et d'abord, deux conditions sont nécessaires à la sûreté de la monarchie prussienne elle-même.

La première est l'échange de ses provinces rhénanes, et une centralisation de territoire qui répare pour elle les fautes des traités précédents.

La seconde est le rétablissement du royaume de Pologne.

On reviendrait en faveur de la Bavière et de la Saxe, tant sur les stipulations du traité de Ried que sur celles de tous les autres traités et conventions qui ont réglé le sort de ces deux royaumes depuis 1812.

Les autres états de l'Allemagne entreraient aussi dans de nouveaux arrangements proportionnels.

Les accroissements de la Russie et de l'Autriche aux dépens de la Turquie ; les dispositions de territoire favorables à la Prusse et aux divers états de l'Allemagne, conséquences nécessaires de l'invasion de la Turquie, autoriseraient la France à réclamer pour elle cette égalité relative, qui déjà n'existe plus, mais qu'elle doit se mettre en mesure de recréer et d'affermir.

L'équilibre ne se rétablit que par une véritable pondération de forces, et il ne se maintient que par des moyens à peu près égaux de résistance et un bon système fédéral.

La France ne doit point hésiter à s'unir à la Prusse et à l'Allemagne pour obtenir que la Pologne redevienne du côté du nord la barrière de l'Europe.

Les cours de Paris et de Berlin ont aussi un égal avantage à imprimer, s'il est possible, une physionomie toute allemande aux diverses souverainetés qui composent l'empire germanique, et à établir entre elles une forte communauté d'intérêts politiques, dont rien ne puisse désormais briser le faisceau. Les formes représentatives favoriseront ensuite l'essor de cet esprit national qui deviendra la meilleure garantie de l'indépendance du pays.

Le Danemarck ruiné par l'expédition anglaise de Copenhague, la Suède obligée de garder la Norwège et livrée à toute la circonspection d'un gouvernement sage, mais nouveau, ne sauraient intervenir dans les affaires du nord de l'Europe.

A l'ouest, l'Espagne et le Portugal verront leurs forces et leur activité se consumer dans leurs dissensions intérieures.

Au midi, Naples, Gênes, Venise, Livourne, Trieste, Ancône et la Sicile; tout le littoral de l'Espagne et celui de la France, réclament la paix, la sûreté et la liberté de leurs relations commerciales.

Trois moyens principaux nous paraissent propres à pacifier la Méditerranée.

L'affranchissement de la Grèce.

. La destruction des régences barbaresques.

Le rétablissement d'un ordre militaire destiné à remplacer l'ordre de Malte.

Mais tous trois dépendent du plus ou moins de hauteur et de franchise qu'apportera le gouvernement britannique dans ses prétentions particulières.

Si la Méditerranée n'est pas libre, peu importe aux pays dont elle baigne les côtes que la Grèce soit affranchie du joug des Ottomans, et jamais la Méditerranée ne sera libre tant que la Grande-Bretagne possédera à la fois, Malte, Corfou et Gibraltar.

Il faudrait donc rendre Malte à l'ordre organisé d'ailleurs sur un pied analogue à l'état actuel de l'Europe, et réunir les Sept-Iles à la Grèce indépendante.

Le protectorat des Hellènes pourrait alors être raisonnablement placé sous une garantie commune.

Mais le traité du 6 juillet n'a rien décidé à leur égard, et ce n'est pas le tout que de leur avoir envoyé M. Capo d'Istrias.

La Grèce sera-t-elle république ou monarchie? quels sont les pays destinés à en faire partie?

Où sera le siége du gouvernement?

Si c'est un royaume, quel sera le souverain?

Le canon de Navarin n'a point tranché ces questions.

Que la solution s'en fasse sur les bords du Danube, ou à Constantinople, à Londres ou à Paris, à Vienne ou à Pétersbourg, elle doit nécessairement avoir lieu d'avance, pour que chaque cabinet sache du moins ce que l'avenir lui prépare, et vers quel but l'appellent ses intérêts, ses sacrifices et ses devoirs.

Il serait par trop étrange que dans un siècle aussi éclairé que le nôtre, les monarques les plus puissants engageassent leurs forces dans des espéces d'abstractions politiques sans spécialités, et qu'on se mît à faire la guerre comme on fait des budgets. Les évènements découvriraient bientôt des mécomptes effrayants; dès qu'un pas serait fait vers l'abîme, on ne pourrait plus l'éviter, et jamais la prévoyance ne fut plus commandée par l'état des sociétés.

L'existence des régences barbaresques est un affront pour toutes les puissances chrétiennes, qui leur paient de honteux tributs. Le sort des malheureux esclaves gémissant sur la côte d'Afrique, n'est-il pas aussi digne de pitié que celui des nègres employés aux colonies? Si jamais il fut une cause digne d'un intérêt général, c'est celle que nous plaidons ici [20]. Laisser subsister Alger, Tripoli et Tunis, à côté de la Grèce libre, c'est exposer ses enfants à mille périls nouveaux; c'est mettre la servitude à côté de l'indépendance; c'est créer pour long-temps, ou des prétextes de guerre, ou le besoin d'une protection qui équivaudrait à l'assujettissement.

La France, l'Autriche, et, s'il est possible, l'Espagne pourraient être chargées du soin de soumettre et d'occuper la côte d'Afrique.

Le rétablissement d'un ordre militaire dans la Méditerranée, ne semblerait plus en analogie avec la destruction des Barbaresques, si les projets pouvaient s'exécuter comme ils se conçoivent. Mais pendant long-temps encore le commerce aura besoin de protection contre les Africains, et même contre les habitudes de piraterie des marins de l'Archipel.

Cette protection il vaut mieux qu'il la reçoive d'un ordre toujours surveillant, toujours en armes, placé sur le lieu même du péril, agissant dans l'intérêt commun, et sans aucun autre pouvoir que celui dérivant de l'objet de son institution, que de l'attendre de puissances éloignées, confondant tous leurs pavillons dans des mers étroites, ne pouvant guère destiner à ce genre de services les navires qui y seraient les plus propres; se consumant en frais énormes, sans atteindre leur but, ainsi que nous le démontrent des exemples récents, et toujours exposées, par le seul contact de leurs forces, à voir éclore entre elles des maux plus grands que ceux dont elles cherchent le remède.

Toutes les populations qui environnent la Méditerranée étant catholiques, il nous paraîtrait convenable de n'admettre dans l'ordre que des militaires de cette religion. L'unité de doctrines serait un lien de plus entre les chevaliers, et un gage plus ferme de discipline et d'obéissance.

Chaque puissance qui concourrait à la fondation de l'ordre, aurait le droit de nommer un certain nombre de chevaliers, qu'elle ne pourrait passer sous aucun prétexte. Les remplacements s'opèreraient à mesure des décès. Le choix des souverains respéctifs serait le titre d'admission; il ne serait pas permis d'en exiger d'autre.

Notre seul but a été d'indiquer ici le rétablissement de l'ordre de Malte, et d'y intéresser tous les cabinets par une intervention directe et des choix personnels. On sent bien que les autres détails relatifs à cette question devraient faire l'objet d'un travail particulier qui n'entre pas aujourd'hui dans notre sujet.

L'Égypte serait le prix de Malte et de Corfou, et pourrait devenir le lot de l'Angleterre. Nous savons bien que le cabinet de Londres pourrait objecter qu'on lui propose d'échanger des établissements solides et tout faits et des avantages acquis, contre des possessions incertaines, périlleuses à conquérir et difficiles à conserver. Mais la Russie et l'Autriche rencontreraient les mêmes obstacles à

l'égard des provinces ottomanes, dont elles pourraient méditer la conquête.

Dès qu'il s'agit d'employer la force pour atteindre
un but quelconque, il est raisonnable de présumer
que l'on a mesuré les périls présents sur les bénéfices à venir, et, sous ce rapport, la possession de
l'Égypte est inappréciable pour l'Angleterre.

Si cette puissance voulait rester seule maîtresse
dans la Méditerranée, et prétendait encore exclure
les autres nations de tous les marchés de l'univers,
il n'y aurait plus de combinaisons possibles ni de
traités à faire; et les commotions politiques dans
lesquelles chacun cherche à saisir les chances que
lui présentent la fortune, le hasard ou la violence,
seraient la triste et seule ressource offerte, même
aux calculs de la raison.

Nous en dirions autant de la Russie et de l'Autriche, si l'invasion de la Turquie, en cas qu'elle
ait lieu, devait se réduire à un simple spectacle pour
les autres puissances européennes. Les accroissements que ces deux empires peuvent prendre, ou-
vrent d'avance pour tous les états le chemin de l'é-
galité proportionnelle.

C'est pour avoir laissé partager la Pologne que
l'Europe est condamnée peut-être à subir aujour-
d'hui la dislocation de l'empire ottoman, et ces
deux grandes catastrophes ne seront séparées entre
elles que de l'espace d'un demi-siècle. Au surplus,

qui pourrait dire ce que nous devons nous attendre à voir après tant d'actes contradictoires dont nous avons été partout les témoins?

Au moins sont-ils fondés sur des intérêts généraux, sur le soin de la prospérité des nations, sur une honorable rivalité de prévoyance et de sagesse? Nullement. L'Autriche avait besoin de dominer l'Italie ; l'Angleterre voulait que les colonies espagnoles et portugaises fussent séparées de leurs métropoles ; il fallait que l'Espagne fût appliquée à la France, comme un cancer rongeur. Les troubles de la Grèce achevaient d'ébranler l'empire turc, dont la Russie méditait la chute. Les désordres du Portugal étaient nécessaires pour y attirer dom Pédro, et révolutionner le Brésil. Dans cet état de choses, les déclarations les plus fastueuses pourraient-elles déguiser ce fatal système fondé sur l'égalité des usurpations, que M. de Vergennes signalait dès l'année 1774, système qui ne trouvera de bornes que celles du monde, et qui, comme tous les extrêmes, n'aura de remède que dans l'excès du mal?

Heureusement nous ne sommes plus au temps où le roi de Prusse communiquait au ministère autrichien des lettres de M. le duc d'Aiguillon, par lesquelles ce ministre assurait sa majesté prussienne que la France était indifférente à tout ce qui se faisait en Pologne, et ne regarderait même pas comme le *casus fœderis* tout ce qui pourrait arriver à ce sujet entre les cours de Vienne et de Berlin.

Nous n'oublierons pas non plus qu'au moment où les préparatifs de l'expédition anglaise étaient devenus publics, le prince de la couronne de Danemarck demanda à M. Garlike, plénipotentiaire anglais, quel en était le but. Ce ministre répondit de la manière la plus positive, qu'elle n'entreprendrait rien contre les états danois, assurant qu'elle avait une toute autre destination.

De même il ne s'agirait aujourd'hui que de quelques clauses du traité d'Akerman, ou de celui du 6 juillet. On s'arrêterait scrupuleusement soit aux bords du Danube, soit à l'isthme de Corinthe.

Mais que l'avenir se présente à nos yeux sous un aspect plus imposant et plus digne de fixer les méditations des hommes d'état ! Au nord, la réaction de la chrétienté contre l'islamisme ! Au midi, la lutte entre les vieilles monarchies et les principes constitutionnels ! Si ce double torrent se déborde, qui oserait en assigner les limites !

Sans doute, la France doit éviter de prendre part à tout ce qui peut troubler l'état de paix, dont bien des fautes graves lui font sentir encore le besoin. Quelque vicieuse que soit l'organisation actuelle du système européen, peut-être choisirait-elle mal son moment, si elle se livrait aujourd'hui à l'idée d'y porter atteinte. Mais elle n'a point provoqué les évènements, et même on pourrait en toute sûreté de conscience les considérer comme imprévus pour elle. Toutefois, s'il ne dépend point de notre cabinet d'en maîtriser ou d'en arrêter le cours, il dépend de lui d'apercevoir qu'on peut se régler ailleurs sur la connaissance positive de notre situation.

Que la franchise fasse donc appel à l'honneur national! Car, pour finir comme nous avons commencé, ce n'est point sur des fictions, mais sur des réalités, que doivent s'appuyer les calculs de cabinets, et se mesurer les efforts des peuples

NOTES.

---

¹ Nous croyons à propos de rappeler ici le passage d'une note que les ministres des puissances alliées adressèrent au duc de Richelieu le 20 novembre 1815. Il est assez remarquable pour qu'on en pèse aujourd'hui toutes les expressions.

«Loin de craindre que S. M. T. C. prêtât jamais l'oreille
» à des conseils imprudents ou passionnés, tendant à nourrir
» les mécontentements, à renouveler les alarmes, à ranimer
» les haines et les divisions, les cabinets alliés sont complè-
» tement rassurés par les dispositions aussi sages que généreu-
» ses que le Roi a annoncées dans toutes les époques de son
» règne, et notamment à celle de son retour après le dernier
» attentat criminel. Ils savent que S. M. opposera à tous les
» ennemis du bien public et de la tranquillité de son royau-
» me, sous quelque forme qu'ils puissent se présenter, son
» attachement aux lois constitutionnelles promulguées sous
» ses propres auspices ; sa volonté bien prononcée d'être le
» père de tous ses sujets, sans distinction de classe, ni de re-
» ligion; d'effacer jusqu'au souvenir des maux qu'ils ont souf-
» ferts, et de ne conserver des temps passés que le bien que la
» Providence a fait sortir du sein même des calamités publi-
» ques. Ce n'est qu'ainsi que les vœux formés par les cabinets
» alliés pour la conservation de l'autorité constitutionnelle de
» S. M. T. C., pour le bonheur de son pays, et pour le main-
» tien de la paix du monde, seront couronnés d'un succès
» complet, et que la France, rétablie sur ses anciennes bases,

»reprendra la place éminente à laquelle elle est appelée dans
»le système européen. »

Signé, Metternich.
Castlereagh.
Capo d'Istria.
Hardenberg.

[2] M. Frazer, chargé d'affaires britanniques en Russie,
interrogé par les ministres russes, sur les motifs qui por-
taient son cabinet à se montrer si hostile, et à souffler en
Turquie et en Suède l'esprit de haine et de guerre contre la
Russie, répondait ingénument : « Que voulez-vous, nous
» avons l'ordre de faire en tous points le contraire de ce que
» souhaite la France : elle désirait la paix entre vous et la
» Porte, nous excitons les Turcs à la guerre ; si la France
» avait excité la guerre, nous aurions conseillé la paix.» (Souvenirs de Ségur.)

[3] Ce sont les Latins qui ont préparé la destruction de
l'empire Grec, consommée ensuite par les Musulmans. Les
nobles Vénitiens s'étaient partagé les îles de l'Archipel, et
les possédaient comme fiefs de la république. Les Croisés
avaient formé une foule de petites principautés dans le Péloponèse. Il y avait des ducs et des comtes d'Athènes, de
Corinthe et d'Argos. Les Paléologues n'avaient plus que
Constantinople, lorsque, le 29 mai 1453, Mahomet II s'em-
para de cette capitale. La république de Venise se hâta de
traiter avec lui, et les Grecs avaient autant à souffrir du
joug des Vénitiens que de celui des Ottomans.

[4] Il est assez curieux de voir comment les deux cabinets
des Tuileries et de Londres s'expliquent successivement sur
l'affaire de Navarin, que l'un appelle *imprévue*, et que
l'autre qualifie *d'indocile* ; car c'est probablement dans ce

sens que le ministère anglais entendait le mot (*untoward*) dont il s'est servi.

Un acte indocile et une déclaration de guerre imprévue, tous deux récompensés ! Nous admirons cette noble rivalité de zèle et de bravoure qu'ont déployée les marins des escadres alliées ; nous nous associons de grand cœur à tous les vœux que forme, en faveur des chrétiens grecs, une religieuse et honorable philanthropie ; mais nous n'en insisterons pas moins sur l'innovation frappante que nous apercevons ici dans les règles du droit des gens. Sous le règne de Jacques Ier, sir Walter Raleigh fut jugé et condamné pour avoir attaqué et brûlé la ville de Saint-Thomas, appartenant aux Espagnols. Sa Hautesse ne possédait-elle pas Navarin au même titre que S. M. C. possédait Saint-Thomas ? ou bien les Américains étaient-ils mieux traités par les Espagnols, que les Grecs ne le sont par les Turcs ?

[5] Lorsque les états catholiques de Flandre et du Brabant voulurent s'arracher à l'indépendance de l'Espagne, ils s'adressèrent au roi d'Angleterre. Charles Ier répliqua que son honneur ne lui permettait pas de fomenter la rébellion parmi les sujets d'un prince avec lequel il était en paix, mais que s'ils se proclamaient préalablement et d'eux-mêmes indépendants, il donnait sa parole de les protéger contre tout ennemi. « Les négociations manquèrent, dit l'historien *Lingard*, mais il était à propos de les noter comme des exemples de cet esprit d'intrigue, et de cette absence d'honnêteté commune que les ennemis du roi lui reprochèrent, dans la suite, durant la guerre civile. »

Ces reproches fondés n'ont pas porté leur fruit, car on a tenu aux colonies de l'Amérique espagnole, sous le règne de George IV, le même langage que tenait Charles Ier aux insurgés des Pays-Bas.

⁶ *Les ministres de S. M. étaient obligés de reconnaître, dans la Porte, le grand principe de l'indépendance des nations.* Leur ambassadeur a employé, en toutes occasions, le langage d'une puissance amie, et a fait usage du haut caractère de son gouvernement, et de sa juste et personnelle influence, pour engager la sublime Porte à suivre une ligne conforme aux obligations envers la Russie, et à l'attente de l'Europe.

Sous ce rapport, les ministres de S. M. ont été intempestivement censurés par des personnes dont ils sont *plus habitués à apprécier les sentiments humains et généreux, que la pénétration et la prudence politiques.* Ces personnes eussent désiré remplacer le ministère, et prendre avec la Turquie un ton que ne souffrirait pas le dey d'Alger. Les ministres pourraient sans doute répondre à ces gentlemen, qu'ils n'ont manqué ni de fermeté, ni de courage. Leur diplomatie ne s'est point bornée à de simples efforts de médiation entre la Russie et la Porte. Ils n'ont jamais un instant perdu de vue le caractère de l'insurrection grecque, et n'ont point ralenti leurs tentatives pour apaiser, s'ils ne pouvaient les terminer, les atrocités qui ensanglantaient ce débat. Mais ils n'ont pu méconnaître cette circonstance, que ces cruautés n'étaient pas imputables à un seul parti. Ils ont vu, avec un profond regret, que les premiers outrages, quoique vengés, sans doute, outre mesure, et de la manière la plus barbare, furent exercés non par les Turcs, mais par les Grecs de Scio. *Mais on ne doit pas s'attendre à voir l'Angleterre s'engager dans une croisade pour une bien meilleure cause, ni prendre les armes pour réformer le gouvernement de la Turquie, ou obtenir une administration plus impartiale de la justice en Grèce, en Égypte, ou à Constantinople.*

(État de l'Angleterre au commencement de 1823; écrit officiel. Trad. de MM. Dufau et Guadet.) .

⁷ La Russie, alliée de la Perse, n'est plus qu'à 8o lieues d'Alexandrette et des mers de Chypre. Quel que soit le résultat de sa lutte, et de celle des Grecs avec l'empire ottoman, il ne peut qu'amener des communications plus étendues entre la haute Asie et les mers intérieures de l'Europe. Si les Grecs secouent l'odieuse, l'inhumaine domination des Turcs, ils recevront les premiers les bienfaits de ces nouveaux rapports; *et les Anglais, qui les ont persécutés, et ont voulu retarder leur émancipation*, en seront peut-être exclus.

On n'a pas assez observé les pas que fait la haute Asie vers la civilisation. Du Don et du Volga, la civilisation s'avance vers les monts Altaïques, vers le lac Aral et la Tatarie. Déjà les caravanes de Buckara et de Khiva ou Khivou deviennent un objet d'une grande importance pour Astracan. Entre une des baies de la mer d'Aral, et la plus orientale de celles de la mer Caspienne, il n'y a que vingt myriamètres d'une distance dont les caravanes d'Astracan parcourent une grande moitié. Un port établi dans cette baie se trouverait en face de l'embouchure du Terech. Le Terech descend des vallées du Kuban, comme la rivière de ce nom, et à peu de distance l'une de l'autre. Il y a vingt myriamètres entre les points où commence la navigation de ces deux fleuves. Une route tatare les parcourt, et le Kuban se jette dans la mer Noire, en face de Caffa. C'était par cette route que les Génois de l'ancienne Théodosie communiquaient avec la mer Caspienne...

Tout tend à consolider les communications avec l'Inde par la haute Asie; et les ports de la mer Noire, au nord et à l'est, doivent en être les entrepôts, si Constantinople, devenue la capitale d'un nouvel empire, ne leur enlève pas cette source de richesses. (Mont-Véran, *Hist. d'Angl.*, t. VIII.)

[8] Les Anglais portèrent plus loin leur tyrannie mal conçue; au lieu d'inviter les Irlandais à recevoir les usages plus civilisés de leurs conquérants, ils refusèrent, quoique ardemment sollicités, de leur communiquer le privilége de leurs lois, et, de toutes parts, ils les traitèrent comme des étrangers et des ennemis. Sans protection du côté de la justice, ces malheureux habitants ne virent plus de ressource que dans la fuite; et, quittant le voisinage des villes dont ils ne pouvaient approcher avec sûreté, ils cherchèrent dans leurs bois et leurs marais un asile ouvert contre l'insolence et l'inhumanité de leurs maîtres. On les traitait comme des bêtes farouches; ils le devinrent. Ils joignirent l'ardeur de la vengeance à leur barbarie, qui n'avait jamais été bien apprivoisée, et de jour en jour ils devinrent plus intraitables et plus dangereux. (Hume, *Hist. de la Maison de Stuart*, t. Ier.)

L'édifice de la grandeur anglaise dans l'Inde est cimenté de crimes, de sang et de larmes. La famine du Bengale, en 1770, est de tous ces forfaits politiques ou administratifs, le plus atroce et le plus éclatant. L'accaparement du riz, par les agents de la compagnie, après la sécheresse de 1769, et le monopole subséquent de cette denrée en 1770, en furent la cause. Quatre à cinq millions d'Indiens périrent victimes de ce fléau, sans se venger de leurs oppresseurs... Le péculat, les concussions, les dilapidations, les vexations de tous genres sur les malheureux Indiens, leur oppression constante, ne sont plus rien après la famine du Bengale. Les conquérants de l'Inde n'ont plus rien aussi à envier ni à reprocher à ceux du Mexique et du Pérou, aux Portugais de la côte de Malabar, aux Hollandais des Moluques et des îles de la Sonde, et à tous les Européens dans les deux mondes. (*Hist. crit. et rais. d'Angl.*, t. VIII.)

[9] En réponse aux plaintes de la Russie relatives au sup-

plice du patriarche grec , le divan rappela la punition d'un patriarche russe mis à mort par ordre de Pierre Ier, qui supprima , à cette occasion, la dignité patriarcale.

[10] La sublime Porte avait demandé à la Russie l'extradition de l'hospodar Michel Suzzo et de quelques autres transfuges. M. de Strogonoff avait allégué pour s'y refuser un sentiment de générosité sans doute très louable ; mais voici les arguments de la Porte : « Les stipula-
» tions entre les gouvernements sont une chose, et la gé-
» nérosité personnelle en est une autre ; un gouvernement
» ne peut pas, pour exercer ce qu'il lui plaît d'appeler un
» acte de générosité , violer les stipulations d'un traité qu'il
» a conclu avec un autre gouvernement : le meilleur acte
» de générosité entre les gouvernements est de remplir les
» traités. »

[11] *Le Monthly review* de 1828 contient les détails que voici :

La France a 52 vaisseaux de ligne , 32 frégates , et un plus grand nombre de corvettes , bricks , etc.

La Russie a 42 vaisseaux de ligne , 18 frégates , et une vingtaine de petits bâtiments.

La Suède, 12 vaisseaux , 6 frégates , 10 corvettes ou bricks.

Le Danemarck , 4 vaisseaux , 6 frégates , et quelques petits bâtiments.

La Hollande a un vaisseau de plus que le Danemarck.

L'Espagne , le Portugal , la Turquie et les Amériques ne sont point comptés. Nous leur supposerons ensemble une centaine de bâtiments de toutes grandeurs.

Le total pour toutes les marines serait de 382.

L'Angleterre possède à elle seule. . 138 vaisseaux.

146 frégates.

240 petits bâtiments.

Total. . . . . 524.
D'où retranchant. . . . 382.

La balance en faveur de l'Angleterre
est de. . . . . 142.

On voit quelle supériorité numérique elle a sur toutes les puissances réunies, et l'on ne peut nier que l'avantage du nombre n'est pas le seul qui appartienne à sa marine.

12 Le ministère anglais, depuis la guerre de l'indépendance des colonies de l'Amérique septentrionale, a redouté une semblable séparation de la part de ses colonies de l'Inde, et a pris diverses mesures pour la prévenir. Le nombre des Anglais qui sont au service de la Compagnie dans l'Inde, a été limité à une cinquantaine de mille. Lorsqu'ils sont parvenus aux premiers emplois de la Compagnie, ils y restent peu de temps. Les troupes de la Compagnie, portées à cent trente mille hommes, changent souvent de garnison. Il en est de même des troupes royales, d'environ vingt mille hommes. Leurs garnisons dans l'Inde sont limitées à trois années, et elles forment ensuite celles de Sainte-Hélène, du cap de Bonne-Espérance, de l'île de France et de Ceylan.

On élève, dans un collége spécial de la Compagnie, en Angleterre, les jeunes gens qui se destinent à entrer à son service. De grandes précautions sont prises pour donner à la Compagnie, et au cabinet, de fortes garanties que les Anglais de l'Inde ne s'émanciperont pas, comme ont fait ceux de l'Amérique. On ne peut conjecturer quel sera l'effet durable de toutes ces mesures.

Il existe dans l'Inde une classe particulière d'individus qui devient de jour en jour plus nombreuse, celle des enfants nés du concubinage des Anglais avec des Indiennes de différentes castes, mais des plus inférieures de la société. Espèce de mulâtres de l'Orient, s'augmentant tous les jours, quel rôle doivent-ils jouer dans les révolutions de l'Inde?... Il existe dans l'Inde beaucoup de sociétés secrètes. (Mont-Véran, t. VIII.)

13 M. Drovetti, consul général de France en Égypte, a présenté à la Société de géographie un plan sur la civilisation de l'intérieur de l'Afrique, dans lequel l'Égypte joue le principal rôle. Chaque année un grand nombre de jeunes nègres, conduits par les caravanes, arrivent dans ce pays, de différentes provinces de l'intérieur. Déjà Mohammed-Aly a commencé à les retirer de l'état d'abjection où ils étaient précédemment. Au lieu de permettre qu'ils fussent vendus, comme autrefois, dans les marchés, et qu'ils allassent servir les caprices des harems, il a mis des armes dans leurs mains, il en a fait des soldats; mais il reste à en faire des hommes.

Pour y parvenir, on enverrait en France un certain nombre de jeunes nègres, afin qu'ils pussent être initiés aux avantages de la civilisation... M. Drovetti propose de le faire à ses frais; et, par suite de cette noble et généreuse entreprise, peut-être quelques enfants occasioneraient ce que tant de siècles n'ont pu produire. (*Annales maritimes.*)

14 Combien les évènements qui se passent de nos jours ont mis les princes et les peuples à même d'apprécier ce funeste système d'intervention qui, depuis quelques années, pèse plus spécialement sur toutes les combinaisons de la diplomatie! Et quel gouvernement en a plus abusé que celui de la Grande-Bretagne, tout en proclamant que le respect pour l'indépendance des autres états est la base de son droit public?

D'abord n'est-ce point en exerçant le droit d'intervention dans l'Inde, de la manière la plus active, la plus absolue, la plus oppressive, que l'Angleterre a assuré sa souveraineté sur une immense population, et sur le plus beau pays du globe ?

Sa conduite a été la même en Europe.

Lord Bentinck, commandant en Sicile une armée britannique, ressuscite les anciens parlements, s'arme contre l'autorité souveraine de l'influence des formes populaires, provoque les insurrections, force l'abdication du roi, se saisit de sa personne et de sa famille, déporte l'armée, bannit la reine, et finit par se rendre le seul maître, et à force ouverte, de toute l'autorité.

Un peu plus tard, le même général anglais trompe les Génois pour envahir plus facilement leur territoire ; il les flatte de les rendre à leur ancienne indépendance, et livre une république en dédommagement à une monarchie, aussi facilement qu'il aurait abandonné la monarchie et la dynastie napolitaines, si la Grande-Bretagne n'avait été intéressée à laisser prévaloir en faveur de l'Autriche un système différent.

Le 3 mars 1813, un traité de concert est signé entre l'Angleterre et la Suède, dont le but est de livrer la Norwège à un nouveau souverain. Pour en assurer l'exécution, les amiraux anglais reçoivent l'ordre de bloquer rigoureusement toutes les côtes d'un pays cédé sans sa participation. C'est par la famine que le cabinet britannique exerce le droit d'intervention ; c'est par la famine que les amiraux anglais contribuent à forcer tout un peuple à abandonner son prince pour en recevoir un autre ; et c'est sur la demande d'un roi, dont le titre est la liberté du choix, que cette révoltante iniquité se consomme.

En 1814 et 1815, les souverains alliés imposent des lois

à la France, dont la première est l'obéissance à une charte constitutionnelle, que tous les monarques déclarent être la garantie de l'avenir des Français, et le gage le plus absolu de la paix dont toute l'Europe a besoin. A cette époque l'Angleterre et les autres cabinets ne diffèrent point de langage.

Mais dans une déclaration datée de Laybach, le 12 mai 1821, les puissances annoncent que « c'est de l'impulsion ré- » fléchie et éclairée, et de la volonté libre de ceux que Dieu » a rendus responsables du pouvoir, que doivent émaner les » changements utiles dans la législation et l'administration » des états. »

En conséquence, l'armée autrichienne occupe le Piémont et le royaume de Naples, où se rétablit l'autorité royale absolue.

Le cabinet britannique condamne verbalement ces procédés militaires, sans y apporter aucun obstacle.

A Vérone on décide l'occupation armée de l'Espagne; par suite Ferdinand VII reprend la plénitude de son autorité. L'Angleterre reconnaît (état de la nation au commencement de 1822) *que les divers états doivent être sous le joug d'un intérêt commun, d'une obligation commune, de consulter la politique générale de l'Europe dans les questions qui touchent à la sûreté de l'association commune.*

L'armée anglaise entre en Portugal pour y favoriser l'établissement du régime constitutionnel; en même temps la cour de Londres négocie avec l'Autriche le retour de don Miguel; avec don Pedro la création d'un empire au Brésil; avec Bolivar l'indépendance des républiques de la Colombie et du Mexique, et peu importent à l'Angleterre les droits et les plaintes des métropoles.

« Quant au ministère français, a dit un publiciste habile, » on le regardait comme l'avant-garde de la sainte alliance;

» on lui faisait beaucoup d'honneur, il n'en était que l'en-
» fant perdu. »

¹⁵ Lorsque Élisabeth, reine d'Angleterre, avait ouvert ses trésors pour le soutien de la république naissante de Hollande, outre la vue de s'assurer elle-même contre la puissance exorbitante et l'ambition de l'Espagne, elle s'était réservé la perspective du remboursement ; et, pour caution de ses avances, elle avait exigé que les importantes forteresses de Flessingue, de Ramekins et de la Brille fussent consignées entre ses mains. (Hume.)

¹⁶ Les règles de la politique à l'égard des établissements coloniaux, sont devenues bien simples : « ne point conqué-
» rir ce qu'on ne peut défendre ; ne point établir ce qu'on
» ne pourrait conserver. » Qui sait si l'Angleterre ne verrait pas avec une satisfaction secrète nos efforts pour fonder de nouvelles colonies ?... Est-il maintenant un seul homme d'état qui puisse concevoir de semblables desseins ? N'est-il pas reconnu que c'est en elle-même et sur son propre sol que la France doit désormais trouver sa force et sa prospérité ?.... Nos relations existent chez tous les peuples qui nous ouvriront leurs ports.... Les puissances qui voudront avoir des colonies avant que l'Océan soit libre par le consentement universel des nations, travailleront pour la gloire et la prospérité des peuples qui auront l'empire des mers. Elles leur donneront des gages de déférence et de dépendance, ou mettront ces établissements à leur discrétion. (Observations présentées à M. le Dauphin, par M. Barbé-Marbois, 25 décembre 1827.)

¹⁷ Lorsque Vladimir Iᵉʳ fit la conquête de la Crimée, et qu'il épousa la sœur des empereurs Basile et Constantin, les Russes abandonnèrent l'idolâtrie pour embrasser la religion

grecque. Le vainqueur échangea les pays qu'il avait conquis contre des prêtres, des livres d'église et des reliques. De retour à Kiow, les eaux du Borysthène servent à un baptême général de l'armée ; et, de ce jour, les Russes deviennent chrétiens. Quels progrès ces nouveaux adeptes ont faits depuis! c'est comme protectrice des sujets grecs et dissidents de la Pologne, que la Russie intervient dans les affaires intérieures de ce royaume et finit par l'envahir.

C'est encore au même titre que le traité de Kainardgi lui donne, en 1774, le droit d'intervention dans la querelle des Grecs avec les Turcs.

Par la sainte alliance, l'empereur Alexandre s'était ménagé des moyens d'action plus ou moins directs sur tous les états chrétiens.

Récemment encore, les traités conclus entre la Russie et la Perse ont placé sous la protection du cabinet de Saint-Pétersbourg tous les Arméniens catholiques résidant dans les états persans.

[18] La politique toujours prompte à lancer les peuples dans la carrière des révolutions, n'est jamais prête à les y suivre, et l'impatience des partis ne sait pas mieux s'accommoder de la marche lente des cabinets. La guerre s'allume et le sang coule, que les diplomates sont encore occupés à échanger des notes et à rédiger des manifestes ; on négocie d'un côté, on s'égorge d'un autre, et des milliers de braves combattants succombent et meurent quand les hommes d'état délibèrent. (*Ann. Europ.*, 1804.)

[19] L'article 3 du traité signé le 14 janvier 1809, à Londres, par M. Canning et D. Juan Ruiz d'Apodaca porte « que le » gouvernement espagnol ne pourra céder aucune possession » du territoire de la monarchie espagnole, en Europe et » dans les autres parties du monde. »

20 Lors du congrès de Vienne, les plénipotentiaires anglais ne cessèrent d'insister pour obtenir sans délai un assentiment unanime à l'abolition de la traite des nègres. Les ambassadeurs espagnol et portugais opposèrent à cette prétention la plus vive résistance. Lord Castlereagh crut devoir sommer, au nom de la religion, le nonce du pape de s'unir à lui pour faire cesser un trafic inhumain. Le ministre du Saint-Siége y consentit, mais il insista à son tour pour que l'Angleterre prît pitié du grand nombre d'esclaves chrétiens enchaînés sur la côte d'Afrique, et pour que l'Europe, d'un commun accord, mît à la raison les régences barbaresques.

Les noirs sont encore esclaves en Amérique, les blancs en Afrique, et rien n'annonce le terme positif de ces cruautés.

FIN.